포도에서 만납시다

진혜진 시집

상상인 시선 021

상상인 시선 021
포도에서 만납시다

초판 1쇄 발행 ㅣ 2021년 6월 23일

지 은 이 ㅣ 진혜진
펴 낸 곳 ㅣ 도서출판 상상인
북마스터 ㅣ 김유석 최지하 이선애 마경덕
뉴크리에이터 ㅣ 이만섭 진혜진
표지디자인 ㅣ 최혜원
등록번호 ㅣ 제572-96-00959호
등록일자 ㅣ 2019년 6월 25일
주   소 ㅣ 06621 서울시 서초구 서초대로74길 29, 904호
전화번호 ㅣ 010-7371-1871
전자우편 ㅣ ssaangin@hanmail.net

ISBN 979-11-91085-18-1 (03810)

값 10,000원

* 이 책은 전부 또는 일부 내용을 재사용하려면 반드시 저작권자와 도서출판 상상인의 동의를 받아야 합니다.

* 이 책은 교보문고와 연계하여 전자책으로도 발간되었습니다

* 이 도서는 2021년도 한국문화예술위원회 아르코문학창작기금지원사업에 선정되어 발간되었습니다.

포도에서 만납시다

* 저자의 의도에 따라 작품의 보조 동사와 합성 명사는 띄어쓰기가 달라질 수 있습니다.

* 본문 페이지에서 한 연이 첫 번째 행에서 시작될 때에는 〈 표기를 합니다.

건너가는 말

나는 빗방울에 갇혀 있고
너라는 불완전한 언저리를 건드린다

우리는 어쩔 수 없는 하나
이후의
하나

진혜진

■ 목 차

1부   이방인들이 내 안에

얼룩무늬 두루마리	019
빗방울 랩소디	020
호수의 이불은 무거웠다	022
점토인형	024
검은 치마	026
자하	027
통화음이 길어질 때	028
바그다드	030
스테인드글라스	032
복용법	034
딸기오카리나	036
데생	038
앙상블	040
발가락이 다른 발가락을 이해하기 시작하는데	042
아니요	044

2부 어떤 슬픔은 잘린 부위에서

어떤 슬픔은 잘린 부위에서 다시 자란다 049

물을 따라 번지는 불의 장미 050

1990년 052

수상한 색맹 054

풍경 이데아 056

겹눈 058

앵두나무 상영관 060

야누스의 고해 062

급발진 064

믿음이 저 혼자 믿음을 찾아 065

아나키즘 066

카푸치노 068

B203에는 장수하늘소가 산다 069

조롱박 070

터럭 072

3부 누군가의 말이 흘러든다

적극적 빨강	077
이분법 코코넛	078
생겨나는 자물쇠	080
니체의 망치	081
의문 기울기	082
분수	084
조향사	086
블랙홀	087
서운이 닫히지 않는	088
ON AIR	090
가벼운 계보	092
드라이플라워	094
잠 몽타주	096
립스틱야자	098
꽃잎지방紙榜	100

4부 순간이 아홉보다 긴 물결일 때

바람개비	105
그럼에도 나팔	106
불량한 피아노	108
나비의 탄생	110
S. N. S	112
초속 30미터 벚꽃이 떨어지는 저녁	114
홀로 시소	116
먼지의 결혼식	118
몽유	120
9를 건너는 동안	122
꽃이 극락을 물고	124
매일 조금씩 자라는 아사녀	125

해설 _ 홍일표 127
신생의 감각과 미지의 언어 미학

1부

이방인들이 내 안에

얼룩무늬 두루마리

  너는 나로 나는 너로 감겼던 얼굴이 풀립니다 겹은 생각하지 말아야 합니다 풀려야 할 것이 풀리지 않습니다 예전의 당신이 아니군요 풀린 것들에서 배웅의 냄새가 납니다 나는 얼굴을 감싸고 화장실을 다녀갑니다

  내려야 할 물도 우주라 욕조에 몸을 띄웁니다 세면대의 관점에서 얼굴은 흐르는군요 얼룩의 심장이 부풀어 오릅니다 비누거품에서 맹세는 하얗다는 걸 보았습니다

  이제 거울의 시간입니다 위험을 느끼는 것은 숨의 기억입니다 피를 흘립니다 문지르면 문지를수록 얼굴에는 새카만 통로가 생겨납니다 너의 손안에 나를 풀어놓고 얼룩을 통과해야 할 때입니다 나는

빗방울 랩소디

우산이 감옥이 될 때

예고 없이 소나기가 쏟아진다 손잡이는 피하지 못할 것에 잡혀 있다
비를 펼치면 우산이 되고 우산을 펼치면 감옥

수감된 몸에서 목걸이 발찌는 창살 소리를 낸다
소나기 속의 소나기로 나는 흠뻑 젖는다

보도블록 위의 빗방울
절반은 나의 울음으로 남고 절반은 땅의 심장에 커다란 구멍을 낼 것이다

버스정류장 앞 웅덩이가
막차를 기다리는 새벽 2시의 속수무책과 만나 서로의 발목을 잡는다

빗방울 여러분!
심장이 없고 웃기만 하는 물의 가면을 벗기시겠습니까
젖어서 만신창이가 된 표정을 바라만 보고 있겠습니까

어떤 상실은 끝보다 시작이 더 아파
누가 누구를 용서해야 끝이 날까

두 줄을 긋듯 질주하는 차가 나를 후경에 밀치고
검은 우산과 정차 없는 바퀴와 폭우가 만들어내는 피날레

젖어서 죄가 되는 빗방울
기도가 잠겨 있는 빗방울

우산은 비를 따라 용서 바깥으로 떠난다

호수의 이불은 무거웠다

 그녀의 불춤이었다

 무명씨들의 이불이 그녀의 춤을 따라 마지막 불춤을 추었다 이 불에선 그녀가 저 불에선 이불의 혼신이

 활활

 혼魂의 힘은 다른 것일까 불 안의 불덩이는 자꾸 커지려다 불의 힘에 눌려 제단 위에 올린 여운처럼 뿌예졌다

 몇 줌의 재가 되고
 철커덕 잠기는 호수의 이불은 무거웠다

 그날의 태양이 위태로웠던 건 이불에 스며든 수많은 얼굴 때문이었을까

 남은 자들은 새벽의 꽃밭에서 봄날의 눈발에서 그녀와 흩날리다가 오늘의 태양이 끌어당겨

 검붉은 그늘이 된다

〈

  추억은 회전문처럼 돌아 나오지만 어떤 날엔 뒷문이 무겁게 열릴 때가 있다

점토인형

1
어둠과 빛은 붉은 진흙의 심장을 가졌습니다
 흑과 백을 쥔 채 우리는 너무 단단해서 어쩌면 텅 빈 속입니다

2
 당신은 나를 비 맞은 매화나무로 베어내고 속을 묻습니다 손에 쥐었던 새를 공중에 날리면 젖은 손바닥에서 어둠의 길목들이 생깁니다

 매일은 빚어집니다 가짜가 진짜로 바뀔 때 비로소 충돌하는 어제가 빚어집니다 이쪽에서 보면 우리는 만나야 할 사람이었습니다 한 쌍의 인형처럼

3
 순간이 흙인 사람이 있습니다
 순간은 순간을 닮아 태어나므로 잘못이 없을까 한 번 더 만져봅니다

 모든 끝은 스며들다 사라집니다 한번도 순간에게 나를

내준 적 없는데 당신과 흑백은 그 이후가 됩니다

 버려진 흙처럼 세상에 없던 이방인들이 내 안에 군중을 이루고 있습니다 붉은 심장은 만들어지는 것이라서

 생생하게 부서져야 만날 것입니다

검은 치마

　장대비가 쏟아지고 있다 한 소녀가 누군가와 협상이 있던 날이고 살았거나 살지 않았거나 빗물에도 지워지지 않는 얼룩이 있다 협상이 탕탕탕 두드려지고 빗방울을 후두둑후두둑 맞고 있다 상록수역 의자에 앉은 소녀가 젖고 있다 깔고 앉은 초경이 번지고 꽃다발에서 뛰쳐나온 꽃송이들이 짓밟히고 있다 오른손이 우산을 펼치자 순백한 몸의 언어가 떨어지고 거리에는 21세기 소녀들이 웃으며 지나갔다 출구는 사라지고 협상이 붉게 젖고 있다 꽃 한 송이가 한 줌 흙을 쥐고

자하*

  숲을 사막까지 끌고 갔다 공기는 주름져 있고 숲의 끝엔 자하가 매달려 있었다 몸꽃을 던졌다 어떤 얼굴이 복엽기처럼 타원을 그리다 지평선으로 떨어지고 맨발이었다 해바라기보다 활짝 벌어진 너를 가질 수 없어 아름다웠고 안타까웠다

  바닥으로 떨어진 태양이 움직이지 않아요 비행기가 지나가요 빈틈은 없었어요

  멀어지는 한 방울 더 멀어지는 일조량을 잡으며 바라보는 사막이 되었다 *살래말래* 다정이 공기에 붙어 꽃송이가 한꺼번에 터졌다 헛기침이 났다 끌고 간 측백나무엔 비행운의 무덤이 있고 우리라는 텅 빈 한순간이 있고 떨어뜨릴 눈빛이 남아 있었다

  라디오에선 흑인영가인가 레퀴엠인가 그날의 선언 같은 음악이 흘러나오고 사막은 노래를 버리고 숲은 숲을 버리기 위해 자하를 끝까지 은닉하고

  * 자하 : 보랏빛의 노을

통화음이 길어질 때

포도에서 만납시다
머리와 어깨를 맞댄
돌담을 돌면 포도밭이 있다
우리의 간격은 포도송이로 옮겨가고
담장을 타고 오르는 담쟁이처럼
지지대를 타고 몸을 쌓는다
씨를 품는다
우리는 서로 기댄 채 손끝이 뜨거워지고
포도는 오래 매달릴수록 그늘의 맛이 깊어진다
입꼬리 올린 갈림길마다 가위눌린 꿈에서
쓴맛이 돈다
포도는 입맞춤으로 열리고 선택으로 흩어진다
바둑판 위에서 반집을 지키는
흑백의 돌처럼
우리는 내려올 수 없는 온도
피가 둥글어진다
언젠가 통화음이 길어졌을 때
그것이 마지막이라는 걸 예감했고
덩굴인 엄마가 욱신거려
그해 포도씨는 자꾸만 씹혔다

깨물어 버릴까
한 팔이 눌리고 한 다리가 불면인 잠버릇이 생긴 곳
자유로를 지나 수목장 가는 길
포도 알맹이를 삼킨다
하나의 맛이 두 개의 흔적을 낸다
단단히 쌓은 탑을 나는 한 알 한 알 허물고 있다

바그다드*

전쟁과 꽃은 두 개의 운명 그러나 하나의 시원

이름은 총과 꽃을 동반합니다 아라비아를 활짝 피웠던 도시는 출구가 보이지 않습니다

전쟁은 꽃을 피우기 위한 시련입니까
꽃을 향해 날아오는 벌 떼를 막는 성전입니까

수련 너머 바그다드
당신은 연보라 너머 검은 선글라스

꿀을 놓고 뺏으려는 자와 뺏기는 자의 혈투

이름을 정복하면 당신 얼굴에 파편이 박히고 이름이 수면 위로 자라면 바그다드가 피죠 바그다드는 바그다드가 아닌

당신을 훔치지 않았는데 발이 저려요
몸에 박힌 파편을 다 뽑아도 폭음이 진동하던 바그다드 꽃에 검은 피가 낭자해요

동명은 동맹이 아니라서 꽃을 향해 무심코 손권총을 겨누면 폭격은 시작되죠 창가에 앉아 아무리 주문을 외워도 기댈 우리가 없습니다

 다리 잘린 채 피를 흘리며
 사막 위에 핀 바그다드

 꽃의 눈빛으로
 이 바그다드는 사람을 향해 한 번도 총을 겨눈 적이 없습니다

　* 바그다드 : 열대성 수련

스테인드글라스

아이섀도 색들이 얼굴을 통과한다 저 눈부신 몸에 든 색들 드러낼 방법이 없고 드러날 표정이 없다

눈 화장을 한다
부드러운 붓질은 마지막 기도

색의 선악으로 장식된 기억들 그녀의 숨소리를 기억하는 식물들 아낌없이 구멍 뚫린 시간들 저녁 햇살이 묻은 오랜 기다림

시간이 지워진 최후의 처음으로 그녀는 너무 빨리 도착해버려 너머를 흡수하는 것은 이음매를 갖는 일

노랑은 보라, 보라의 이음매는 그녀, 그녀의 색들이 문양 속에 빛나고 우리는 유리를 통과한다

목요일 미사가 끝나고 손바닥 안에 고인 기억들이 종소리로 출렁인다 우리는 유리에 숨기고 싶은 것이 많다

몸의 간이역에서 마지막 열차는 떠나고 그녀의 그림자

는 되돌아오는 것을 놓친다 화장은 붉은 유리를 통과하는 것

   어둠이 속살뿐이라 그녀는 눈을 뜰 수가 없다

복용법

 설명을 들으면 이해해 안내와 안내 사이의 안내를 만나야 해 설명이 필요 없는 눈을 좀 빌려주세요

 종합검진센터는 화살표를 따라가면 되고 처방은 의사가 약은 약사가 복용은 설명서가 해요

 한 어른이 따라 읽다가
 두 아이가 따라 읽다가 놓쳤어요

 듣고 싶은 말만 듣고 보고 싶은 것만 보고 지금껏 지냈다고 설명은 관리자처럼 말을 끊고 눈을 의심케 하고 두 귀를 뭉개

 안내받을 수 있는 세계를 필사적으로 노력했지만 금방 물에 녹는 알약처럼 나는 불안해요

 검은 목으로 흰 알약이 설명 없이 삼켜져 나는 쉽게 와해돼요

 믿어 의심치 않는다면 안내와 안내는 내가 잠든 사이에

떠날 준비를 하겠죠

내일의 아침이 식탁에 놓여 있듯이

딸기오카리나

붉은 입술은
딸기로 가는 입구를 모릅니다

당신의 빛에 묶인 나는 구멍 속 리드를 읽지 못합니다 한 귀퉁이의 음표들을 기억할 뿐 주렁주렁 매달린 포스트잇과는 별개입니다

딸기의 등줄기를 따라가면
버려진 입술들이 터잉터잉

아홉 개의 구멍이 당신을 채우고 교차점을 건넙니다 암실을 밀실로 읽는 동안 운지법이 완성됩니다 가끔 여덟 번째 구멍에서 침묵이나 배반이 새어 나오고

구멍을 모두 닫습니다

그 어떤 떨림도 울림도 열리지 않습니다 내 지문을 더듬다가 가장 가까이에서 나를 놓칩니다

손가락을 떼는 순간 관계는 음이 됩니다 반려에서 반려

反戻까지 당신은 점점 빠르게 흩어지고

  나는
  당신도 딸기도 잊은 듯 입술을 뗍니다

데생

누군가를 향한 첫걸음은
심장박동의 그림자를 조각하는 일

그는 마주치는 사람마다 옷을 벗긴다
훔쳐 간 손길에 경추 한 마디씩 젖는다

한곳에 머물수록 관심은 뜨거워
짐작은 벗겨도 벗겨도 비구름 속

대리석에 새겨 넣은 얼굴을 누가 쪼고 있는지

우리가 그를 꺼내는 게 아니라 그가 우리를 소환한 것처럼
관심을 꺼버릴지도 모른다

그는 숨은 표정을 종일 망치질한다
머리카락 한 올까지 드러내고 있다
꽉 쥔 주먹으로 텅 빈 전설 속으로

모조품이 모조품 아닌 것을 향해 돌멩이를 던지고 있다

〈
처음의 발자국이 돌아와
우리를 끌고 다니고 있다

어딘가 무너지는 소리가 들린다
단 한 번 부딪혔을 뿐인데

앙상블

내리는 비는 여럿입니다
둥근 입술에 앉은 둥근 시간
테이블 위에서 당신 없는 하루가 발간됩니다

우리는 마카롱을 먹을 수 없습니다
격식 있는 루머는 실제보다 우아하게
가끔씩 깃털로 내려앉습니다

달달하게 시간을 넘겨볼까요
에스프레소를 마시며 검은 입술이 되어 볼까요
사실과 사정
사물과 사람
소문으로 구성된 노천카페에서 없는 당신은 없는 분위기일까요

이 비는 반성입니까
반목입니까 반복입니까
젖은 소문이 주르르 흐릅니다

분홍에서 하양으로 가는 꽃말은 싱싱함을 끝까지 사랑

할 줄 압니다
　코러스를 완성하려면 없는 입술이 필요합니다

내 앞엔 달달해서 딱 씹기 좋은
추문의 배후가 있고

젖은 새는 쫓아내도
집요하게 누군가를 향해 날아옵니다

동고비,
하고 입을 모으면
새는 발자국 활자로 앉습니다

발가락이 다른 발가락을 이해하기 시작하는데

동쪽에 닿고 싶어 뒤꿈치를 든다
까치발은 높은음자리 또는 발가락이 만든 절벽

한파특보가 발효 중인 가운데 봄은 어딨냐고 묻는다
신호등에도 다이소에도 먼 산에도 없는
봄을 믿고 뒤꿈치를 든다

죽더라도 약속은 지켜야지 기침 섞인 아버지의 마지막이 서쪽으로 흐르고 맹세는 동쪽을 붙들고 있다

마음이 멀어 꽃을 시샘한 적 없는데 꽃은 더디 피어나고 발가락들의 방향은 처음부터 서쪽이었다

뒤꿈치를 들고 해가 보이지 않는 아침을 바라본다

해보다 커튼이 참 편안하네 서쪽은 어둠의 밀도가 성성하네 발바닥들의 목소리가 들리고

오늘은 누구의 발뒤꿈치만도 못하다는 말을 참아야 한다
〈

우리의 이름이 악보처럼 왼쪽에서 오른쪽으로 당겨지고 발바닥에 굳은살이 오르면 당신 방향으로 가까워질 수 있을까

 가로질러야 할 걸음을 전부 옥탑방에 놓고 와 횡단보도를 뛰며 당신을 닮아가고 있다

 발가락이 다른 발가락을 이해하기 시작하는

아니요

 맹세는 언제나 뜬구름에서 출발해 바퀴가 구를 때마다 구름이 생겨나는 건 이상한 일이 아니지 떠오르는 길과 떠오르는 자동차는 고속을 원하지 우리는 멈추지 않고 구름으로 사라지지 뜬구름 아니요 우리 아니요 비구름 굴리며 양떼지기가 편승해도 안장 아니요 핸들 아니요 구름에 바퀴를 달고 바퀴에 구름을 깔아도 양탄자 아니요 당신은 저쪽에서 저쪽으로 움직이고 나는 이쪽에서 그쪽으로 움직이지만 내리막 아니요 오르막 아니요 바퀴도 없이 구름도 없이 다시 사랑하기 아니요 사랑 안 하기 끝까지 아니요

2부

어떤 슬픔은 잘린 부위에서

어떤 슬픔은 잘린 부위에서 다시 자란다

열 손가락엔 어제의 기분이 들어 있고 녹색은 가파릅니다

이력은 붙을수록 잘릴 위험이 큽니다 거스러미를 떼면 손톱의 기분은 낭떠러지입니다 할퀴고 할퀸 이력은 동물적 슬픔으로 자랍니다 밤새 부은 손가락의 손톱들이 벽시계 안의 초침처럼 쉬지 않고 기분을 만들었습니다만

잘려나갈 디데이를 찾습니다

여기 스투키를 보세요 밤새 자랐지만 열 개의 식물들은 딱딱합니다 믿음의 공기 앞에서 뿌연 아침을 보면 정말 정화를 꿈꾸었을까요? 위로 올라갈수록

살아나갈 디데이를 찾습니다

어떤 슬픔은 잘린 부위에서 다시 뻗습니다

물을 따라 번지는 불의 장미

더
처음으로 가면
너는 끈에 묶인 물고기자리와 통하는 물 그러므로 나는 불

붉음은 인주처럼 풀어지는 장미목줄에 왜 사라지는 도장을 새긴 것일까

물결치는 당신에게 휩쓸리면 울음을 들킨 나를 삼켜버릴 것 같아
물을 따라 번지는 불

불이 숨을 쉬면 전체가 소문이야
물불을 가리지 않는다는 것일까 헤어지자 우리

우린 닮아서 다름과 다름 아닌 것도 증명하려는 서로의 극

서성이던 몸이 도장으로 박히고 붉어지는데
사람들은 하루에도 수백 번 감정의 도장을 찍지

〈
　수는 木 화는 土와 통한다는데
　신뢰 앞에 증인으로 소환된 당신은 끝까지 수, 나는 마침내 화
　좋았던 기억은 유실물 그래서 증인이라는 유일한 가능성

　장미의 바닥으로 더 내려가면 발바닥이 없고
　만발했던 5월 중순의 진원지가 없고

　벼락 맞은 서로의 대추나무가 몸속에 있어

　불에서도 비린내

1990년

사랑 같은 건 장식장의 와인처럼 오래 두지 말 것

방치된 줄 모르고 방치된 사람의 표정처럼
더는 연명할 수 없는 관계가 병 속에 담겨 있습니다

우리는 액체성
당신은 발효를 끝냈나요
당신의 취향대로 드라이한 감정의 도수는 올라갔나요

실온에서 30년 동안 자줏빛 몸으로 젖어들진 못합니다

와인과 코냑의 차이를 알 필요는 없습니다
그저 하나의 포도밭에서 시작된 일이니까요

우리를 구분하는 것은 색깔이니 구분된 우리는 입술입니다

코르크를 따는 데 여전히 서툰 당신은 유리잔을 잘 부딪칩니다

〈
아무리 둘러봐도 포도덩굴이 없습니다
내가 알맹이였는지 버려진 껍질이었는지
아니면 흙냄새였는지

저 병 속에 잠긴 사랑 하나

어디론가 흘러갔다 다른 이름으로 찾아오는 걸까요

수상한 색맹

눈길이 닿아 사라진 것들은 유령이 되어 살고 있을까

색이 색을 놓치고
당신은 그림 앞 정물이 되려 한다

와인을 들고
체리를 물고
간밤의 난반사처럼 누군가의 손길을 소환하면
오전 11시의 침실은 캄캄하고

색감이라는 말이 좋았다
색을 천천히 만지는 느낌

한 사람의 코발트블루와 또 한 사람의 붉은 저녁으로
당신은 떠나고

사라지고 살아지는
그곳의 색깔이 궁금하다

색의 앞뒤를 만져볼 수 있을까

빨강을 해방시킨 햇살이 창문 속으로 뛰어든다

거꾸로 흐르는 시계 속에서 들리는 여자의 구두 소리

문은 열리지 않고
멀어지는 소리만 들려오고

풍경 이데아

  보전된 숲은 보수적이다
  그러나 당신이 없으면 숲은 파국, 나무의 풍경은 호소력에서 온다

  벌목 당한 기억을 걷어낸다
  걷고 걷다 보면 무성한 낭떠러지

  빛과 그림자가 대비된다 풍경의 동음어들은 같은 편인가 바람이 불면 풍경에서 종소리가 달아난다 수행자가 소리 내어 읽는 경문도 풍경 당신의 한 달 치 보수도 풍경

  살아가는 모든 것이 보수가 될 수 없다

  어제의 콘크리트와 오늘의 콘크리트가 갖는 감정은 다르지만 당신의 오른손과 젓가락은 한편이라 뿌리 같고 메타세쿼이아 같고 용서 같은 자세가 심하게 흔들린다 그래서 바람은 혼자 불지 않는다

  좋은 일에는 탈이 많다는 오류
  좋은 일은 끝까지 좋은 일이고

숲을 속아내도 풍경은 처음부터 풍경이다

바람이 부는데 종소리가 없네 낡고 부서진 풍경을 손봐야지

당신은 어느 풍경인지
날고 있는 저 물고기는 끝내 말해주지 않는다

겹눈

하양은 치솟고
비밀의 사이는 바쁘고

시린 벚꽃 흩날려
허공을 걷다 제 울음에 걸려 넘어지는
희디흰 발들

공평이 최대한의 수평으로 일주일을 지날 때

우리는 시선을 나누고
멀어지는 검은 등은 벚꽃의 방식으로

흰 이마 가득한 광장 속으로
불신지옥 불신지역 뛰어드는 이단자들

웃음소리는 이명처럼 귓바퀴를 돌고
가족과 연인과 강아지와 노점상이 빙글 돈다

끝까지 울음이 아닌 척
속삭이라는 분수

<
이거 진짜 비밀인데
너만 알고 있어
나는 한 번도 젖은 적 없어
죽을 때까지 스프링이니까

분수가 꺼질 때까지
서로의 목구멍에서 살기로 한 비밀

죽었다 치솟고 치솟다 시들어가는
혹시 알아?
그것

앵두나무 상영관

이 도시에 봄이 없다는 걸 알고
사람들이 길목마다 앵두나무를 심었다

몇 분 간격으로 터지는 앵두
비와 졸음 사이에 짓무른 앵두
붉은 앵두는 금지된 몸에서 터져 나온다

한쪽 눈을 감는 사이
바닥으로 누운 흰 사다리를 건넌다
소나기 그친 사이를 아이가 손을 들고 뛰어간다
할머니는 한 칸 한 칸 신호음 사이를 짚고 넘어간다

사람들이 마중과 배웅으로
사다리를 건너면 앵두의 색깔이 바뀐다

순식간에 달려간 계절이 다른 계절의 입에 물리듯
빨강을 물고 앵두나무는 발설하지 않은 소문까지 뻗는다

앵두가 지면
초록 이파리가 여름 정원에 비비새 울음으로 남아

그 울음 끝에 매달릴 이파리로 남아
세를 불리는 앵두나무
공중으로 발을 들어 올린다

신호등이 봄을 켠다

짧은 치마를 입은 듯 가벼운 신호음
떠나갈 사람과 돌아올 사람의 안부가 위태로워
맨 처음의 얼굴로
막을 내리지 못하는 봄이 있다

야누스의 고해

신부님 처음입니다
이제까지 숨겨놓은 두 개의 표정을 다 꺼내놓기는

그럼에도 내 곁으로 그를 데려와도 되겠습니까

두 얼굴 사이에
오도 가도 못하는 너머의 이중성이 보입니다

반대쪽을 사랑하는 표정은
몇 번째 얼굴입니까

버릇처럼 그를 껴안아도 되겠습니까

미사포 속 고개 숙인 당신은 울먹일 필요가 없습니다
저항이 클수록 당신에게서 멀어지는 사람입니다

하나의 호흡이 흩어지면
일요일은 놓쳐버린 눈물이 됩니다

두 개의 호흡이 하나가 되면

고해소에 없는 얼굴이 됩니다

어쩌면 뱃속에서부터 호흡을 같이한
이란성쌍둥이일지도 모릅니다

옆구리로 빠져나온 고해를 만지면
하나의 얼굴에서 두 몸의 혈류가 흐릅니다

급발진

   장미의 방에서 안녕을 묻는다 장미 가시와 그의 손이 악수를 한다 기억이 손바닥에 피어난 꽃잎이라면 원피스의 겹을 닮은 내 기억도 겹겹의 꽃잎이다

   아무래도 커튼 사이로 우리의 밤은 가려져 있다

   안에 머문 것은 가시의 잘못일까 등을 기댄 벽이 지금은 벼랑 끝이다

   그녀가 욕조 안에서 피어나는 동안 그는 문을 닫고 나간다 장미가 물의 바닥까지 잠수한다 그의 손엔 몇 개의 가시가 박혀 있을까

   악수,

   자신의 머리를 배회하던 새들과 창가에서 만나고 마지막으로 뱉은 안녕은 원피스에 피고 장미는 벽에서 브레이크를 밟는다

믿음이 저 혼자 믿음을 찾아

 잠금장치에서 풀려나온 그녀가 흘린 공기 한 모금 마신 듯 말이 없다 손바닥으로 차창 밖 공깃돌의 기류가 흐른다

 인적이 말라버린 시간 속에 그녀의 목소리가 수상하다 믿었던 그녀의 입속에서 불쑥불쑥 모르는 골목들이 튀어나온다

 믿음을 놓치고 믿음이 저 혼자 믿음을 찾아 나서고 710번지가 없고 사라진 목책을 넘는 달빛이 없다

 처녀지에서 누구라도 잡고 말 걸고 싶지만 구관조처럼 금속성 목소리를 복창해도 눈밭이다

 그녀의 골목마다 먼 나라의 눈이 내린다 지나온 화살표처럼

아나키즘

연애할래? 아나키스트
펜은 유일한 믿음이 된다

눈을 뜨면 싫어 좋아
잠이 들면 좋아 싫어, 그런 날이면

양초를 사고 마스크를 사고 자주 악수를 한다
불빛은 얼얼한 입김으로 흔들려
방 안에 있는
펜은 유일한 믿음

빈약합니까
왜 용서는 확률입니까

이탈한 질문, 이탈한 의혹, 의혹의 7할은 나라는 광대의 출렁임

투사든
아나키즘이든
검은 마스크를 쓴 남자의 반쪽이 자신의 전부라니

반쪽도 못 되는 사람은 어디서부터가 머리입니까

문장을 잡으려 해도 내 손가락은 딱 세 개뿐
경계 앞에서 수많은 너를 놓친다
학명을 구하기엔 네가 너무 많다

벗어날 수 없고 달아날 수 없는 다짐들이
펜 아래 있다

카푸치노

 호랑이 잔등이 드러난다 제 속으로 제왕을 가라앉힌 거품은 꼬리가 있고 꼬리를 물면 입술이 소리를 낸다 이 호피를 꺼내 물어볼까

 케냐를 가본 적 없어 인왕산 아래를 어슬렁거린다 이력은 거품을 피하고 나는 거품 속 생두를 큼큼거린다 태몽을 믿지 않는 얼굴이 한순간 말을 걸다가는 오후 세 시 무늬는 흩어지고 호랑이는 식는다

 궁중의 한낮을 저으며 어느 황제가 처음 커피를 마셨을까 시간을 밀치고 그 먼 황제의 입술을 핥아본다 커피는 백수를 품겠다고 뜨거움과 거품으로 살겠다고 달려드는 눈빛이다 슬슬 꼬리 세워 어둠을 흔들어댄다 호랑이 입에서 케냐산 원두향이 짙다

 숱한 구릉을 내달린 이력이 거품이다 협곡을 달려 재기를 꿈꾸는 나의 등으로 어둠이 달려든다 한 잔의 카푸치노 속에 사라진 왕의 부릅뜬 눈이 있다

B203에는 장수하늘소가 산다

 장수하늘소는 구름입니다 뒷모습엔 장수가 없고 하늘이 없고 코뿔소가 없어 그냥 지금입니다 언제부터 그늘 밖을 겉돌았는지 시장 모퉁이를 돌면 좌판에서도 꽃 피는 대파와 두부를 담은 검은 봉지입니다

 장수하늘소는 날개 꺾인 부엉이인지 물 위의 청둥오리인지 알지 못합니다 이름만 장수인 장수하늘소는 누군가가 떡갈나무를 침범하고 누군가가 산허리를 치받아도 묵묵히 이름에만 머뭅니다

 손에 든 대파 한 단 속으로 동그라미가 들어옵니다 파는 사라져도 동그라미를 장수하늘소가 꽉 붙잡고 있을지 모릅니다 주변엔 오답이 널려 있습니다 허무만 장수합니다 B203호에 연필심만 뿔이 되어 그를 들이받고 있습니다

조롱박

조롱박은
연리지의 반대말
한 몸에서 태어난 두 개의 몸

미처 몰랐던 반쪽의 반쪽

생으로 쪼개질 때
당신에게 흘러드는 나를 보았다
내게 등 돌리는 당신의 심장소리도 들었다

한때 우리는
덩굴손에 매달린 요가자세처럼
어느 수행자의 허리춤에 매달린 물구나무처럼

어떻게 매달려 살 거니 어떻게 견딜 거니

조롱이 조롱조롱
받아넘기기엔 뜨거운 말들

달을 퍼내던 약수터나

막걸릿집에 매달린 표주박이나
엇갈린,
우리임을 증명할 수 있을까

당신은 평생 약수에 젖고
나는 어느 저잣거리에서 술에 젖고

우리는
언제 한 몸이었던가
텅 빈 속을 채우지 않으면 살 수 없는
헛 몸

위아래가 사라진 표주박
맞닿으면 몸이 뚜껑이고 뚜껑이 몸인

터럭

　당신에게 달려가는 사이 터럭이 자라네 터럭을 바라보는 사람들은 알파카 등에 짐을 올리지 않지 라마와 알파카 사이 수백 개의 계단이 있다고 믿지
　당신과 나 우리라는 사이처럼

　신분이 다른 알파카 카펫은 물을 먹지 않지 한 컵의 물을 쏟아붓는 광경을 바라보는 라마들은 선 밖에 서 있지 방수된 알파카를 끄집어내는 순간 겹겹이 딸려 나오는 당신에게서 자란 회갈색 털은 윤이 흐르지 비와 바람을 신의 이름으로 맞는 라마
　나는 소실점 밖으로 밀려나네

　고원을 덮는 라마의 기나긴 터럭들은 **빳빳**하지 발굽의 유전자를 윤색하면 알파카를 꿈꿀 수 있을까

　말랑함을 만져보다가 젖멍울이 딱딱해지는 나는 아직 터럭이 자라네

3부

누군가의 말이 흘러든다

적극적 빨강

함께 살든가 함께 죽든가
부겐빌레아는 타오르고 있었어 나는 책을 가졌고 꽃이 가진 대답은 햇빛보다 적극적이었어

무슨 일이 벌어질까 궁금했지 필 때와 떨어질 때, 같은 질문과 대답, 아무것도 아닌 말을 발화점으로 만들었지

왜 나머지를 태우고 싶어 했을까
냉담은 안 되고 나는 적극적인 빨강으로 이미 타버린 것들을 밑줄 바깥으로 데려가려 했어 이 수많은 맹목의 작은 길목을 어떻게 버려 이마를 떨어뜨린 곳에 불덩이도 있을 텐데

솔직해지자
발자국이 포개지는 것뿐이야

진짜거나 가짜거나
그게 그거 같은 빨강이 나를 삼킬 때까지

이분법 코코넛

툭,
가지를 놓친 코코넛과
굴러떨어지는 사랑이라는 말

나뭇가지 사이로 보고 싶을 거란 말이
흔들린다

어느 한쪽이 무거워지면 바다의 한쪽도 무거워져
파도는 질리도록 하얗다

물살을 가르는 휘파람만이
거품이 사라진 이전의 기록

상처를 타고 오르는
우리는 어쩔 수 없는 하나 이후의 하나

갸우뚱한 의자 아래로
당신이 나에게 준 구두 한 켤레
더는 족적을 남기지 않는다
〈

꼭지를 도려내 마시면 높아지는
불안한 단맛
빨대가 꽂힌 텅 빈 담화와
이글거리는 태양

테이블은 하나의 맛인데
중심이 쏟아진 테이블 위엔
한쪽으로 쏠린 단맛과 헛맛이
동시적 관계

이별을 통보한 당신
코코넛나무 아래로 보내야겠다

생겨나는 자물쇠

자물쇠가 생겨난다 그의 길에 버스가 멈출 때까지 문을 열면 또 다른 문이 생기고 홍채 속 잠자리 날개가 투명해진다 그는 실핏줄에 걸린 정물 같다

풀린 저녁이 무심해지면 왼쪽 모퉁이에서 백일홍이 멀어진다 버스가 풍경을 바꾸면 붉은 얼굴이 비친다

또 하나의 고백은 그도 자물쇠라는 것

비밀번호는 정착할 수 없는 물결일까 눈을 닫을수록 길의 여백이 커진다 비를 예감하는 풀 비린내가 뒷문을 통과한다 너무 많은 모습들이 눈앞을 스쳐 눈을 뜨면 달아나는 것들, 팔을 뻗으면 아픔이 자라고 가지치기를 해도 물오르는 비밀들 나의 독선들

그가 흔들릴 때마다 몸에 열쇠가 생겨난다 내 눈에 지문처럼 각인된 그도 열어서는 안 되는 문이 있다 비가 사방의 문을 두드리면 비밀은 시동을 걸고

길이 덜컹덜컹 떠난다

니체의 망치

눈이 먼다는 건 가슴 뛰는 일

음모를 나눌수록 뛰는 가슴에 금이 가고 배반은 태어난다 거짓말을 나눈 사람이 깊어지듯

관계와 관계 안에 답지가 무용일 때 하얀 슬립으로 두 팔을 벌려도 날아가는 비밀이 될 때 다리와 다리가 겹쳐 그 아래 누워 버릴 때

이다 아니다 이다 아니다 너와 내가 흰색에서 회색으로 회색에서 검은색이 될 때

흠모의 죄들

망치를 든다 아무리 내리쳐도 박히지 않는 바람이지만 오늘의 몸과 마음이 이원론을 때려 부수기 위해

니체의 망치를 빌려왔다

의문 기울기

한 생각이 문턱을 넘고
다른 생각이 오지를 벗는

왜, 라고 묻고
뭐, 라고 대답하는

질문은 질문의 소유물
각은 각에 턱을 괴야지

물어본 의문은 위아래가 없어
서로의 역삼각형 위험 표지판에 닿는다

수풀이 무성한 국경선쯤에서
너머를 접는
같거나 다른 우리들
고개를 숙여야 바라볼 수 있는

가끔 팔은 바깥으로 굽기도 하지만
등변 다리에는 오래된 나무들로 꽉 차 있고
〈

바깥을 물었는데
늦은 가을을 말하는 우리는 엇박자로 자란다
의문이 늘어날수록 오지 않는 계절을 걸어둘 수 있는

삐딱한 각도는
잡풀을 키우는 모선
생각도 23.5도 기울어

의문의 손을 놓자
보편적인 부호들이 시계 밖으로 우르르 몰려간다

분수

후퇴하는
한 줄기 이단아

흐르다가 치솟는 광장입니다

마지막 수평을 꿈꾸는 하얀 날개입니다

위로 치솟아
깃털마다 눈을 뜨는 알비노 공작새처럼 화려한 변이들
역린입니다

하나둘 모여든 목소리는 심해의 심장처럼
물의 비늘을 뒤집는 집중입니다

혁명은
분수처럼
관계처럼

고리가 풀리면
하늘의 목이라도 벨 듯

칼자루를 쥔 물의 전사들이 일시에 튀어 오릅니다

아직 젖지 않은 당신을 향해

조향사

땀과 조말론이 섞인 나만이 아는 향

말초신경의 방향을 따라 걷고 있어 너의 생각이 한 방울 한 방울 비어갈 때 고소공포증을 앓는 왼쪽 다리와 공포증이 사라진 오른쪽 사이로 미혹의 협곡 냄새가 나고 관계는 새벽으로 멀어져 바다 저편에서 밀려오지

산호가 10년에 1센티씩 자라는 건 누군가의 향기가 내게서 자라기 때문이지 집착이 서로의 치명적인 부표라서 가까이 있는데 너는 자꾸 멀다 해 자작나무 하얀 껍질 벗겨지는 순간처럼 우리의 바깥은 휘발의 조짐이 선명해

그날의 습도 그날의 온도 그날의 발목까지 우리의 이별 쪽으로 기울었지 우리는 기온 차가 심한 간절기 혹은 다 써버린 빈 스프레이 통

나는 증발하지 않는 너의 기억을 모으는, 어쩌면 네게 남은 불안의 냄새까지 채집하는 조향사

블랙홀

무용수가 턴을 하고 있어 격렬한 바람개비별 스텝으로 회전에 몰입하는 그는 방위를 모르고

무용수를 휘감는 회오리, 자력에는 중력이 없고 저 무저갱처럼 있는 듯 없는 그가 흔들린다 흩어지며 들리는 천상의 소리와 나의 안개는 무굴 제국의 왕

둥둥 북소리의 회전은 뜨겁거나 혹은 차갑게 태어나고 사라진 바람개비별처럼 음계의 죽음으로 밤하늘은 오로라

이 순간, 수천 억겁이 흐르고 음악이 끊기고 수런거리는 안개가 없고⋯ HD 197345 천구 좌표계 목록에 실체가 없는 무용수가 있다

다시 바람개비별 스텝으로 나의 무용수가 뛰어든다 출구를 모르는 회전문 속으로

서운이 닫히지 않는

서운이 들어왔다
햇볕에 가라앉은 나만의 집을 넘본다

나 알아요?

시시때때로 침입하는 습성
그럼 놀자

방문을 열어두어도 붙박이 옷장을 닫아도 식탁에 앉아 있어도 골조를 세운 마음에 다시 서운의 층수가 생겨난다

말없이 오지로 떠난 이름을 누군가에게 전해 듣는 순간 나는 내던져진 병뚜껑, 벗어놓은 팬티스타킹
오지는 짧고 이름은 길다

나는 겨우 침대 머리맡을 따라 액자 속에 핀 목단 두 송이를 바라보고 있을 뿐인데 그 설렘은 향기처럼 흩어지고

여기와 그때 사이로
〈

서운아파트 702호에
서운해서 서운이 닫히지 않는 그 틈으로

멜랑꼴리가 침입한다

ON AIR

온기가 얼어붙는 계단
리허설을 지워버리는 계단

감각은 보이지 않는 그물에 걸려 곡예를 하고
사막과 초원과 카리브의 연인은 누군가의 거실에서 가능성을 낳고

시선을 구하는 그물처럼
수많은 당신들이 눈동자로 빠져든다

어떤 확률은 확률이라 정확하게 자라고

컷, 컷
컷을 외치는 당신의 손이
스크린 너머로 송출될 때
그물망 안에선 낯선 얼굴이 꽃으로 핀다

관심이 꺼지면 피가 흐르는 무대
리허설을 했지만 리허설이 없는 무대
〈

거기 없어요?

당신은 나를 켰지만 나는 당신을 가질 수 없는
네트워크

가벼운 계보

누군가 근본을 말할 때 당신은 입을 다문 적 있습니까
분수처럼 치솟는 피를 보며 스위치를 내린 적 있습니까

나의 안녕에게 당신의 안녕으로 들어야 할 말이 많습니다

우리의 가문을 지우고 싶어 한 번도 본 적 없는 조상은
말뚝이탈을 쓰고 오락실에서 망치로 사정없이 두드리던
두더지의 얼굴은 생각나지 않고 텀블링하듯 잇몸을 뚫고
나온 젖니가 어쩌면 내 생애 최초의 뿌리?

나무는 나무에게
사람은 사람에게
성분이 다른 씨를 뿌리고
연리지처럼 살아갈 수 있다는데

전화번호가 휴지처럼 쌓인 휴대폰처럼 늙은 리어왕의
독백처럼 착근도 하기 전 옮겨간 나무의 고민처럼 뼈대에
뼈대를 묻고 꺾꽂이한 가문처럼

그럼 내 아버지에게 들어야 할 말은?

문을 열면
중절모 하나 가문의 이파리처럼 떨어지네요

당신은 당신만 아는 계보를 잇고 있습니까

드라이플라워

완벽한 피라미드 모양이다
꽃의 머리를 거꾸로 세워 피가 마른다

꽃의 심장과 결탁하면 본능은 필까 꽃의 수요일로 고백하듯
살아야 하는 날처럼 그래도 꽃은 꽃이다

중심 없는 우리
한 잎 바스락거림 속 미라는 누군가의 결말

싱싱한 무덤들은 다 어디로 갔나
욕망은 마르지 않고 우리라는 전설은 찾을 수 없어

무성했던 안개가
한 다발 화석이 되어 멈추는 일은
제사장의 입맛에 오늘을 맡기는 일이다

마른 꽃을 화단에 묻는다 한 송이 한 송이 떼어버리기도 전에 한꺼번에 무너진다
우리가 나눠 낀 이어폰과 이집트 파라오의 박제된 표정

과 미이라의 남겨진 감정은
　모두 부장품

　꽃을 밀어낸 벽엔 선명한 자국이 남아
　불후의 벽이 되고 다신 꽃을 사랑하지 않는다

잠 몽타주

재즈 사이를 오가는 맨 앞줄
그런 잠을 끌어모아 편집한단 말이지

베이스 기타와 드럼 사이에서
잠은 얼마나 가까운가

촛불과 불면은 서로를 불태운다
선글라스를 낀 가수가 불빛 너머로 빠져나가는 검은 연기처럼
캄캄하다는 것은 장벽이 아니다

무대의 장면들을 짜깁기한 잠은 허술하다
어떤 자리에선 영감의 목소리가 튀어나오고 어떤 자리에선 벽보의 얼굴로 붙어 있다

나는 나와의 거리를 실패하고 열광한다

너는 재즈카페와 가까운 사람, 누군가의 말이 흘러든다
재즈에게 미안해서 엄지와 검지 사이를 꾹꾹 눌러본다
〈

얼른 헝클어진 거울을 봐

즉흥적인 우리는 없다
밤의 눈꺼풀은 재즈를 버리고
맨 앞자리에서 수면으로 떨어진다

립스틱야자

나는 숨고 싶을 때 립스틱을 바른다

잎맥 같은 수많은 주름들
립스틱 색깔이 짙어질수록 거짓이 깊어진다

립스틱야자 몸통이 붉다
붉은 몸통에서 뻗어나간 거짓말은 열대성

불안이라는 말엔 피가 돌아 립스틱은 더 자란다

그는 유리한 귀로 듣고 나는 유리한 입으로 말하고
 어쩌다 진담이 튀어나와도 실온에서 살 수 없다 진담은
저온성

 공존할 수 있을까
 줄기가 귓속에서 빠져나가는데

 불완전이란 속이 먼저 붉어지는 것
 립스틱야자와 그 말의 종자를 젖은 수건에 펼쳐 놓아도
〈

거짓과 참을 가려낼 수 없다

15°C
에어컨이 돌아가는 방
진실하지 않아서 야자가 살 수 없는

그는 그대로 나는 나대로
사랑받는 우리의 거짓말

꽃잎지방 紙榜

붉은 꽃덩굴이 사라졌으므로

나비경첩에서 나비가 살아 움직인다

한 개의 향이 피어오른다 죽어서도 죽은 사람의 붉은 기도가 되는 나무

동서가 구분되는 빨강과 백색의 잎들과 위태롭게 서 있는 과수 아닌 과일들

물음과 상관없이 헤엄쳐 온 슬픔이 불립문자를 쓴다

초인종이 울리지 않아 현관문을 열어두면

이제 모든 것은 꽃의 소관

병풍 앞 떨어진 꽃과 지방의 표정이 같다

나비가 자정을 물고 경첩 속으로 들어간다

4부

순간이 아홉보다 긴 물결일 때

바람개비

 한 번 접힌 몸으로 돌겠어요 당신과 나의 바람은 다르죠 내가 녹색을 집어 들면 당신은 빨강의 새벽으로 돌아오죠 빙글빙글 돌면 색은 하나가 되지만 내가 어디쯤에서 사라졌는지 어떤 눈을 가졌는지 알 수 없어요

 사소한 혁명은 끝내 잊어요
 제피로스˚의 부드러움으로 천천히 섞일래요 회전문처럼

 바람은 한 방향만을 원해요 손끝에서 다섯 가지 색깔이 피어나도 거부할 수 없어요
 한 번 접힌 색종이처럼 돌 수는 없죠 누군가 지구를 돌리는 시간에 침대는 날마다 날짜변경선을 지키고 있어요

 어디서 색의 신음소리가 튀어나올지 몰라요
 끝내 우리로 남아 흠뻑 젖을 비바람을 찾아내겠죠

 오늘은 날개 달린 색종이의 애틋함으로 돌겠어요 색을 나눠 가진 바람은 혼자 태풍의 눈처럼 흩어지게

˚ 제피로스 : 서풍의 신

그럼에도 나팔

악사 없는 장대비는 직선이었네
어떤 신호에는 마주 보고
어떤 신호에는 퇴각하고
멀쩡한 하루 나팔을 불지만 소리가 없네

나팔을 붙잡고 있는 담벼락
비와 창문 속으로 한 옥타브를 나눠 가져요
흠뻑 젖은 노래
꽃과 담벼락의 높이

꽃이 담벼락에 업힌 줄 알았는데
담벼락이 밟혔다고 하네

비 오면 중심에서 변두리까지
사라진 꽃과 사라지는 담벼락의 바닥까지
궁리를 나눠 가져요

여름 한 철 귀가 돋는 담벼락
귓속에 찬 음악들이 소음에 시달리고 있네
〈

어제는 비가 오지 않아 나팔꽃
오늘은 비가 와서 입을 다문 나팔수

한 줄기 변심과 창문의 입술 사이로

나발을 불어요
담벼락이 귀를 다 씻을 때까지

불량한 피아노

흰 갈비뼈를 누르면
늑골까지 차오르는 음률

항로는 지워지고
난파선은 자정 뉴스 속으로 침몰해요
뒤집힌 음계를 헤엄쳐 가면
손짓을 멈춘 파도가 목울대를 세우고
쿵쿵쾅쾅

피아노 속에는 잠복한 것들이 많아요

꾹 다문 수면을 느낀 적 없는데
목을 맨 악보가 풍랑을 연주하고 있어요
선율을 타는 순간 몰려오는 바람에
낯선 악장에서 어둠 소리만 철썩이죠

피피피아노
새벽녘 한 사람의 환청에 무전이 들어오는 것은
덮쳐오는 밀물이 협상을 강요하기 때문이죠
〈

인질이 변주되고 있어요
관계를 꿈꾸는 항해가 난파선을 들어 올립니다

뛰쳐나온 잠이 수면 밖에서 들끓고 있어요
피가 돌아서 다행이에요

나비의 탄생

나비가 되었지만 나비는 아니다

나비가 아닌데
누군가는 고양이를 나비라 부르고 누군가는 나를 나비라 부른다

애벌레처럼 쏟아지는 아이들과 롱패딩이 거리를 점령한
강남역 10번 출구

흩날리는 전단지들
방학특가 성형수술

성형 나비들을 채집한다
여자는 애드벌룬처럼 날아갈 것 같고

나비의 탄생을 위해
삼백육십오일 날마다 나부끼고

한 장 한 장 쌓인 희망 한 움큼이
접히고 구겨져 보도블록에 쌓이는 나비 사체들

〈
강력한 한파가 몰려온다는 전광판 뉴스가 뜨고

나비들은
다시 나비로 태어나기 위해 수많은 나비들을 복제 중이다

S. N. S

오래된 얼굴
내게 공기처럼 유통되는 당신

클릭 클릭, 감시하고
클릭 클릭, 간섭한다

손가락 따라 멀고 먼 주문처럼 도착해 나를 건져 올렸다

긍정과 부정 사이를 끌어안는 공유는

한 사람을 누르면 벽이 보이고
벽을 누르면 한 사람이 나타난다

안녕,
안녕하지 않아도 안녕
보이지 않아 낯익고 보이는 순간 낯선 그들

내게서 지구 끝까지
지구 끝에서 나에게까지 날아온 가면
혹은 짧은 음모

〈
당신은 언제부터 비밀결사대의 얼굴이었을까

처방은 달고
실천은 극단적이다

초속 30미터 벚꽃이 떨어지는 저녁

유리식탁에 거꾸로 선 천장
두 개의 얼굴과 여섯 개의 다리가 있다
채우지 못한 빈 잔엔 지문이 세공되어 컵 안에 잠긴다

아리수를 마시고 얼굴을 묻고
물결을 따라 더는 흐를 수도 없고

냉동실에 꽝꽝 언 두 마리 붕어처럼
두 주먹에도 성에가 끼고 한순간 갈라져 파당이 생긴다

앞에 놓인 2인분의 찬반은 이 저녁을 외면할 수 있을까

쏟아지는 고성에
우리의 강바닥이 갈라지고
조림에서 흘러나온 붉은 체기
유리식탁 물을 휘젓던 열 개의 지느러미
사방으로 흩어져 풍랑이 된다

겹치거나 끊어진
너무 많아서 갈 수 없는

길은 누군가의 부재로 기록되고

유리식탁에
금 간 여자가 떨어진다 수리할 수 없는

홀로 시소

혼자라고 믿던
혼자가 아닌 것들
시소를 내리면 눈빛 잠그는 소리가 난다

집은 가깝고 문은 먼 것들
시소를 꿈속 한가운데로 데려가야겠다

반대편에 집을 올려놓고 나는 무게를 자꾸 늘린다
문으로 들어가지 못하는 하나의 둘, 하나의 셋… 얼굴들이 늘어난다

들어 올리면
바다가 맞은편에 놓인다
유람선이 수평선을 가로막겠고 바닥을 휘저으면 나는 다시 늪이다

술을 홀짝거리는 이름들
불빛에 비쳐 사라진 이름들

돌아,

돌아오지만
내 얼굴과 따로 노는 이름들이
어제보다 빠르게 썰물처럼 빠져나간다

자정이 시소에 올라가면 나는 불 꺼진 집

먼지의 결혼식

문틈 사이
벨벳을 걸어온 햇살이 긴 주례사를 나열하고 있다

먼지의 안과 밖으로
한줄기 떠 있는 신랑 신부
나비넥타이 속 행진곡은 어느 정원을 걷고 있을까

커튼을 밀고 오후 두 시가 통과한다
훤히 드러나 있는 하객으로 나는 이 방에서 불청객

농도를 걱정하는 기나긴 말씀은
견딜 수 있을 만큼 떠다니다 서약문이 귓바퀴에 꽂힐 때
행진
문틈 속으로 사라진다

뒤로 남긴 후손이 가볍게 점프를 한다

뼈대 있는 숯을대문이었거나
몇 아름의 고목이었거나 먼 나라에서 온 바람이었을
〈

또는 수천 번 지구를 돌아 도착한 여기

먼지로 분류되었다

몽유

아무리 걸어도 걸음이 생겨나지 않습니다

휠체어에 머문 다리 하나, 다리 둘, 레고로 만든 다리, 타워 브리지가 있습니다 템스강에 버지니아는 없고 그녀는 욕조 속 비눗방울 위를 걷습니다

102호는 문턱이 없습니다 체리마루에는 홍해반점 스티커와 저녁이 담긴 빈 그릇과 하루 지난 초인종만 남았습니다

문고리를 따라가는 그녀의 시선에서 날개가 돋습니다 수선화는 자기 사랑, 노랑은 펼쳐질까 야경이 다리를 건너고 그녀는 런던을 바라볼 수 있는 타워 브리지를 구축합니다

초록이 뽑히도록 우는 풀벌레의 저 울음이 출렁다리를 끊을까요
꿈은 건너지 못하는 상상의 다리를 이해할까요

화면에는 다리 하나, 다리 둘, 타워 브리지가 있습니다

빽빽한 숲을 허락할 수 없어, 빠져서 빠져나올 강이 없어, 다리마다 걸음이 자꾸 잘려나갑니다

9를 건너는 동안

버드나무에게도 집요는 필까
당신의 눈빛을 찍은 도끼에 꽃잎은 열릴까

9는 1보다 가벼워
하나가 아홉보다 무거워 반복되는 십진법이 두렵다

10은 1과 0의 감정을 동시에 갖은 숫자
1과 9의 이해관계가 캄캄해

순간이 아홉보다 긴 물결일 때
아홉까지 잘하고도 하나를 망친 날

한강 둔치에 앉아 있는 내가
양한마리양두마리를 세는 밤

하백의 행렬이 다 지나가도록 그립다가
당신의 숫자를 놓친다

10이 되지 못해 용서하지 못해
9의 물결이 범람한다

〈
아흔아홉 번의 다짐
열아홉 번째의 물구나무서기
아홉의 실패를 건너 10이 되지만

하나가 커서 아홉을 놓치고
돌아오지 않을 하나를 채우려고

대체 무슨 일을 벌였던 거야

꽃이 극락을 물고

 한동안 갇혀 있는 이름에 햇살 좋은 노래를 들려줘도 새는 어두워 라이터를 켠다 약속을 태우려고 부리를 바라보다 꽃 벼슬을 묽는다 한 몸처럼 부비지만 부비는 만큼 달아나는 너의 이름으로 숨을 쉰다 젖은 옷을 말리며 지상과 공중이 허물어질 때 숨겨진 날개의 빛깔을 편다 목소리가 없다 제 눈을 기억한 꽃이 새장에 날개를 매달고 있다 공중에 갇힌 너를 여는 순간

 꽃이 극락을 물고 나선다

매일 조금씩 자라는 아사녀

단단히 마음먹은 연못이 수심에도 매일 조금씩 자라는

연못엔 석탑이 있고 한 그루 소나무가 물 위에 있고 산란하기 좋은 날의 햇빛으로 각시붕어가 물풀에 꼬리를 숨긴다 붕어 아가미가 붉어질 때 물의 방은 늪이다 예상 밖의 팔월이 연지 안에 당신과 나를 풀어놓고

역설들이 수면을 건드리고 한여름이 깨지고 불우한 전설이 부활한다

어둠이 물 위에 뜬 그림자를 징검다리처럼 밟으며 지나간다 물 앞에서 절개와 푸름이 휜다는 말은 거짓말. 소나무는 계절에 냉담해 연못 뒷자리를 지키고 석탑은 앞뒤가 없다 어딘가는 서 있고 어딘가는 무릎 꿇은 오늘처럼 볼 수 없는 날의 심호흡은 작살나무 열매처럼 보랏빛이다 아사녀는 누군가에게서 자라는 연못

■ 해 설

신생의 감각과 미지의 언어 미학

홍일표(시인)

　문학은 늘 다르게 출발한다. 새로운 활로를 찾기 위해 다른 화법, 다른 형식, 다른 내용을 고민한다. 그러나 다른 경향의 시를 맹렬히 비판하는 경우를 본다. 비판의 대상이 된 시들은 그들에게 '틀린 시' '나쁜 시'가 된다. 음양이 대립 개념이 아니듯 시도 선악이나 시비의 개념으로 접근하여 말할 수 있는 것이 아니다. 비판의 대상이 되는 시들은 '틀린 시'가 아니라 '다른 시'일 뿐이다. 모든 시가 흘러간 옛 노래가 될 수는 없다. 그것을 강요한다면 그것은 가장 비시적 행위이며 문학적 폭력이다. 더 많은 '다른 시'가 나와야 하고, 그것이 우리 시를 풍요롭게 하는 근간으로 작용할 것으로 믿는다. 시는 기존의 시와의 거리두기를 통해 진화한다. 30년 전의 시를 답습한다면, 또 그것이 정답이라고 주장한다면 우리 시의 미래는 암담할 수밖에 없다. 다채롭게 분광하는 여러 유형의 시와 여러 빛깔의 시들이 혼융하는 가운데 발전하는 것이 시인데 그것을 위기로 인식하거나 기존의 시에 반하는 '고약한 시'나 엽기적인 신기주의新奇主義로 매도할 필요가 없다. 아무도 가지 않은 곳을 가고, 아무도 하지 않은 방법을 용기 있게 시도하는 것이 시의 속성이기 때문이다.

  진혜진의 첫 시집 원고를 받기 전에 모 잡지에서 시인의 신작시를 흥미롭게 읽은 적이 있다. 시의 밀도와 감각적인 이미지 구사가 뛰어나 반복하여 읽으면서 음미하였다. 이 정도의 역량을 지닌 시인이 왜 이제야 눈에 띄었는지 의아했다. 다행히 올해 아르코창작기금을 받았다고 하니 늦게나마 어느 정도 객관적인 평가를 받은 것 같아 다행스러웠다. 시집 원고를 일독하고, 시인이 얼마나 고투하면서 시의 내공을 다져가고 있는지를 알 수 있었다. 익숙한 작법이 아닌 새로운 시의 세계를 향한 시인의 열정이 고스란히 전해졌다. 한 예를 보자. 「얼룩무늬 두루마리」에서 시인의 눈에 포착된 '세면대'는 화자의 주체적 시각에서 바라보는 사물이 아니라, 오히려 사물의 관점에서 화자를 읽는 독특한 감각의 역전을 보여준다. 위치의 전환은 사유의 변화로 이어지고, 정형화된 인식의 틀 밖에서 자유자재로 뛰노는 감각에 활력을 더해준다. 진혜진의 시가 새롭게 출발하여 근력을 얻는 지점이다. 고루한 상식을 전복하고 낯선 이미지로 독자에게 다가오는 시편들은 삶의 이면의 서사들을 다양한 형식으로 거느리고 있다. 특히 시집 도처에서 산견되는 단절의 이미지는 존재의 통점을 잘 드러낸다. 인간은 누구나 관계를 통해 존재의 정체성을 확인한다. 그러나 고립과 적막 속에 내쳐질 때는 존재감을 잃고 어둡고 우울한 생의 터널을 지나게 된다. 「수상한 색맹」에서 보듯 "색이 색을 놓치고/ 당신은 그림 앞 정물"이 되는 상황이다. "한 사람의 코발트블루와 또 한 사람의 붉은 저녁"이 하나가 될 수 없는 비극적 정황을 시의 화자는 대상을 타자화하여 보여준다. 그러한 삶은 주체적 삶이 아니라 마지못해 "살아지는" 것이다. 시의 화자는 단절과 균열이 불러온 삶의 민낯을 시상의 압축과 여운을 통해 드러내면서 존재의 어두운 풍경을 암갈색 톤으로 묘사한다.

    우산이 감옥이 될 때

    예고 없이 소나기가 쏟아진다 손잡이는 피하지 못할 것에 잡혀 있다
    비를 펼치면 우산이 되고 우산을 펼치면 감옥

    수감된 몸에서 목걸이 발찌는 창살 소리를 낸다
    소나기 속의 소나기로 나는 흠뻑 젖는다

    보도블록 위의 빗방울

절반은 나의 울음으로 남고 절반은 땅의 심장에 커다란 구멍을 낼 것이다

버스정류장 앞 웅덩이가
막차를 기다리는 새벽 2시의 속수무책과 만나 서로의 발목을 잡는다

빗방울 여러분!
심장이 없고 웃기만 하는 물의 가면을 벗기시겠습니까
젖어서 만신창이가 된 표정을 바라만 보고 있겠습니까

어떤 상실은 끝보다 시작이 더 아파
누가 누구를 용서해야 끝이 날까

두 줄을 긋듯 질주하는 차가 나를 후경에 밀치고
검은 우산과 정차 없는 바퀴와 폭우가 만들어내는 피날레

젖어서 죄가 되는 빗방울
기도가 잠겨 있는 빗방울

우산은 비를 따라 용서 바깥으로 떠난다

— 「빗방울 랩소디」 전문

이 시에서는 겹겹의 목소리가 들린다. 중층의 이미지가 여러 겹으로 겹치면서 화자가 발언하고자 하는 내용이 공명음을 얻게 된다. 대부분 그의 시는 직진이 아닌 우회의 통로를 곳곳에 마련한다. 하나의 색깔은 단색인 듯 보이지만 이면에 또 다른 색을 내포하고 있어 그의 시를 풍성하게 한다. 첫 시집임에도 불구하고 오랜 시작 과정을 통해 습득한 시적 장치들을 작품의 적재적소에 배치하여 운용할 줄 아는 능력을 여러 작품에서 확인할 수 있다. 「빗방울 랩소디」도 그중 하나이다. 우산을 하나의 감옥으로 설정한 시는 곧바로 비를 호명한다. "소나기 속의 소나기"다. 순간, 방점이 찍힌 '소나기'가 반짝 빛을 발하고, 화자가 맞고 있는 소나기는 다른 기의를 끌어안으면서 확장된 의미로 돌올해진다. 빗방울은 다시 '울음'으로 전이 되어 실체를 드러내면서 과감하게 시의 방향을 튼다. "*심장이 없고 웃기만 하는 물의 가면*" 앞에서 독자는 서늘한 통증과 조우하게 된다. 숨어 있던 화자의 모습이 확연해지고, 가면에 가려져 있던 만신창이 표정이 나타난다. 이어서 감옥이었던 우산은 "기도가 잠겨 있는 빗방울"을 남기고 곁을 떠나게 된다. 자칫 시에서 위험성이 큰 시어들인 상실, 용서, 기도, 죄, 울음 등이 이미지의 동력에 힘입어 무리 없이 사용된다. 특히 '울음'이라는 시어는 이후의 작품에서도 자주 만나게 된다. 시집 속 '울음'은 일곱 번 반복하여 나타나는데 그때마다 직설이 아닌 비유와 상징의 영역 안에서 작동한다. 그만큼 이미지의 구사 능력과 감정의 고저를 조율할 줄 아는 능력이 특별하다는 것이다. 또한 그의 시에는 언어 밖의 미분적 요소들이 내재되어 있는 작품들도 많다. 코드화된 언어가 파지把持하지 못하는 시의 미세한 호흡과 맥박을 느낄 수 있는 작품들이다.

    내리는 비는 여럿입니다
    둥근 입술에 앉은 둥근 시간
    테이블 위에서 당신 없는 하루가 발간됩니다

    우리는 마카롱을 먹을 수 없습니다
    격식 있는 루머는 실제보다 우아하게
    가끔씩 깃털로 내려앉습니다

    달달하게 시간을 넘겨볼까요
    에스프레소를 마시며 검은 입술이 되어 볼까요
    사실과 사정
    사물과 사람
    소문으로 구성된 노천카페에서 없는 당신은 없는 분위기일까요

    이 비는 반성입니까

반목입니까 반복입니까

젖은 소문이 주르르 흐릅니다

분홍에서 하양으로 가는 꽃말은 싱싱함을 끝까지 사랑
할 줄 압니다

코러스를 완성하려면 없는 입술이 필요합니다

내 앞엔 달달해서 딱 씹기 좋은

추문의 배후가 있고

젖은 새는 쫓아내도

집요하게 누군가를 향해 날아옵니다

동고비,

하고 입을 모으면

새는 발자국 활자로 앉습니다

─「앙상블」 전문

  메시지가 도드라진 시는 실패의 확률이 크다. 「앙상블」은 그런 위험성을 절묘하게 극복한 작품이다. 1연부터 7연까지는 여럿이 노천카페에 앉아 누군가와 관련된 소문을 이야기하는 연이다. 타자에 대한 루머는 문자화되지 않은 비가시적 사건이다. 숙련된 기교와 감각적 언어로 유려하게 펼쳐나가는 대화의 장면들은 독자를 추문의 자리로 불러들인다. 그러나 소문의 속성이 본래 그렇듯 사실 확인이 되지 않은, 실체 없이 과장된, 터무니없는 것들이다. 여럿이 모여서 '앙상블'을 이루고 있는 듯하지만 주고받는 내용은 시간이 갈수록 부풀려져 유동과 가변의 허상이 마치 실제처럼 굳어지고, 사람들은 확신의 단계에 이른다. 거짓의 앙상블, 허구의 앙상블이 실제로 둔갑하여 현실에 고정적 실체로 착근하는 과정이다. 시의 제목은 일종의 반어적 수사로 풍자의 의미도 담보한다. 인간은 무수히 많은 언어에 휘둘려 살지만 기호에 불과한 언어는 하나의 검불에 지나지 않는다. 사물이 언어화되는 순간 기호는 실제와 멀어진 허상이다. 이 시는 그러한 언어가 부동의 사실로 못박이는 아이러니를 포착하여 형상화한 작품이라 할 수 있다. 결국 마지막 연에 찍힌 "발자국 활자"는 허구가 남긴 검은 흔적인 셈이다. 진혜진 시인의 시적 사유가 매우 자연스럽게 한 편의 시로 빚어진 좋은 사례다. 언어를 학대하고 비틀고 꼬아 억지와 작위로 이어지는 시들과는 확연히 구별된다. 언어에 대한 섬세하고 정확한 감각을 지니고 있는 시인의 솜씨가 유감없이 발휘된 작품이다. 정형화되고 획일화되지 않은 언어를 구사하면서 시적 개성을 추구하는 진혜진 시인의 다음 시는 「앙상블」과 같은 계열로 묶을 수 있다.

장수하늘소는 구름입니다 뒷모습에 장수가 없고 하늘이 없고 코뿔소가 없어 그냥 지금입니다 언제부터 그늘 밖을 걷돌았는지 시장 모퉁이를 돌면 좌판에서도 꽃 피는 대파와 두부를 담은 검은 봉지입니다

  장수하늘소는 날개 꺾인 부엉이인지 물 위의 청둥오리인지 알지 못합니다 이름만 장수인 장수하늘소는 누군가가 떡갈나무를 침범하고 누군가가 산허리를 치받아도 묵묵히 이름에만 머뭅니다

  손에 든 대파 한 단 속으로 동그라미가 들어옵니다 파는 사라져도 동그라미를 장수하늘소가 꽉 붙잡고 있을지 모릅니다 주변엔 오답이 널려 있습니다 허무만 장수합니다 B203호에 연필심만 뿔이 되어 그를 들이받고 있습니다
    - 「B203에는 장수하늘소가 산다」 전문

다시 언어와의 싸움이다. 화자의 눈에 들어온 장수하늘소는 실제가 아닌 가상이다. 실제와 가상 사이의 거리를 탐색하는 화자의 시선에 포착된 사물은 허상이다. 장수하늘소가 해체되는 지점에서 화자는 장수도 없고, 소도 없고, 하늘도 없는 낯선 사물 하나를 만난다. 인간의 관념이 짊어지운, 버거운 무게를 감당하고 있는 장수하늘소는 화자에게는 한

낱 구름일 뿐이다. 언어와 사물 사이의 괴리를 살피면서 화자가 바라보는 것은 언어 이전의 사물이다. "이름만 장수인 장수하늘소는 누군가가 떡갈나무를 침범하고 누군가가 산허리를 치받아도 묵묵히 이름에만 머"무는 헛것이다. 사물에 씌워진 이름만 벗겨내면 가상을 벗어던진 알몸으로서의 실체와 직면하게 된다. 그곳에서 화자는 주위에 널려 있는 오답과 허무, 장수하는 허상을 발견한다. 언어에 대한 집요한 천착을 통해 화자가 도달하는 장소는 낯선 시가 용틀임하는 곳이고, 은폐되어 있는 존재의 속살이 낱낱이 드러나는 공간이다. 인식의 바깥으로 나가 신비가 숨 쉬고 율동하는 장소에 닿고자 하지만 늘 좌절의 문턱에 걸려 넘어지는 시인은 언어를 통해 언어가 없는 자리에 도달하려고 하는 존재이다. 니체는 사물에 이름 붙이는 일을 일종의 권력 행사로 파악하였다. "각각의 물건과 사건을 하나의 소리로 낙인찍고 그로써 그것을 소유"하려는 행위로 보았다. 시의 화자 역시 같은 시선으로 사물을 바라보면서 '언어'가 가리고 있는 실물의 알몸에 닿고자 하는 노력을 계속하고 있다. 진혜진 시인의 시의 지형도가 보다 뚜렷해지는 지점이다. 진리나 본질이라는 것이 인간이 만들어낸 또 다른 허구에 불과한 것이듯 언어 또한 인간이 사용하는 기호로서의 한계적 특성을 갖고 있어, 시인은 화석화되거나 획일적 정보에 포섭되지 않은 미지에 이르고자 한다. 그는 인간의 관점에서 사물에게 폭력적으로 부여된 보편적 명칭이 사물이 본래 가지고 있는 유일성과 고유의 특성을 파괴한다는 것을 누구보다 잘 인지하고 있다. 그러므로 진혜진 시인은 언어를 지우고 그 자리에 벌거숭이 시간을 들여앉혀서 일반명사들을 무효화시키는 전복적 사유를 계속 이어갈 것으로 보인다. 그것이 수단과 매개로서의 언어를 능란하게 부릴 줄 아는 진혜진 시인이 앞으로 수행해야 할 몫이기도 하다.

>포도에서 만납시다
>머리와 어깨를 맞댄
>돌담을 돌면 포도밭이 있다
>우리의 간격은 포도송이로 옮겨가고
>담장을 타고 오르는 담쟁이처럼
>지지대를 타고 몸을 쌓는다
>씨를 품는다
>우리는 서로 기댄 채 손끝이 뜨거워지고
>포도는 오래 매달릴수록 그늘의 맛이 깊어진다
>입꼬리 올린 갈림길마다 가위눌린 꿈에서
>쓴맛이 돈다
>포도는 입맞춤으로 열리고 선택으로 흩어진다
>바둑판 위에서 반집을 지키는
>흑백의 돌처럼

우리는 내려올 수 없는 온도

피가 둥글어진다

언젠가 통화음이 길어졌을 때

그것이 마지막이라는 걸 예감했고

덩굴인 엄마가 욱신거려

그해 포도씨는 자꾸만 씹혔다

깨물어 버릴까

한 팔이 눌리고 한 다리가 불면인 잠버릇이 생긴 곳

자유로를 지나 수목장 가는 길

포도 알맹이를 삼킨다

하나의 맛이 두 개의 흔적을 낸다

단단히 쌓은 탑을 나는 한 알 한 알 허물고 있다

— 「통화음이 길어질 때」 전문

  시를 읽다 보면 어느 한 구절에 시선이 꽂힐 때가 있다. 발상이 새롭거나 언어의 미감이 도드라지거나 이미지가 수려한 경우가 그렇다. 이 작품 곳곳에서 발견되는 장점들이다. 「통화음이 길어질 때」는 첫 행부터 도발적으로 다가온다. 가족의 서사를 담고 있어 내용상 새로울 것은 없지만 감각적인 언어의 장력으로 밀고 나가는 시라고 볼 수 있다. 익숙한 것을 익숙한 방법으로 드러내면 시의 감흥과 공감은 크게 떨어진다. 게다가 통념화된 내용을 도식적인 방법으로 제

시할 때 독자는 쉽게 식상해 한다. 이런 위험을 잘 간파하고 있는 시인은 새로운 발성법으로 시를 펼쳐나간다. 직관과 감각은 이성과 논리를 초월하는 자리에서 아름다운 빛을 발한다. 시의 전반부는 포도라는 사물을 인유하여 가족 공동체의 형상을 묘사하면서 시의 맥을 이어간다. "피가 둥글어"진다는 독창적인 표현 앞에서 잠시 숨을 고르게 된다. 독자의 걸음을 멈춰 세우는 감각의 힘이다. 중반부를 지나면서 시는 곧장 이면의 얼굴을 드러낸다. 엄마와의 긴 통화를 하면서 마지막을 예감하는 화자는 "덩굴인 엄마가 욱신거"리는 상황에 직면한다. 엄마와 함께한 긴 세월만큼이나 화자의 내면에서는 온갖 회한이 스쳐 지나가지만 결국 엄마의 죽음을 맞게 된다. "단단히 쌓은 탑을 나는 한 알 한 알 허"무는 이별로 시를 마무리한다. 누구나 일상에서 흔히 겪는 이별이지만 색다른 반향을 불러일으키는 이유는 전달 방식의 차별화 때문이다. 진혜진 시인이 시의 표현 방식에 대해서 오랜 시간 궁구한 끝에 터득한 나름의 기법이며 특징이다.

  이 도시에 봄이 없다는 걸 알고
  사람들이 길목마다 앵두나무를 심었다

  몇 분 간격으로 터지는 앵두
  비와 졸음 사이에 짓무른 앵두

붉은 앵두는 금지된 몸에서 터져 나온다

한쪽 눈을 감는 사이
바닥으로 누운 흰 사다리를 건넌다
소나기 그친 사이를 아이가 손을 들고 뛰어간다
할머니는 한 칸 한 칸 신호음 사이를 짚고 넘어간다

사람들이 마중과 배웅으로
사다리를 건너면 앵두의 색깔이 바뀐다

순식간에 달려간 계절이 다른 계절의 입에 물리듯
빨강을 물고 앵두나무는 발설하지 않은 소문까지 뱉는다

앵두가 지면
초록 이파리가 여름 정원에 비비새 울음으로 남아
그 울음 끝에 매달릴 이파리로 남아
세를 불리는 앵두나무
공중으로 발을 들어 올린다

신호등이 봄을 켠다

짧은 치마를 입은 듯 가벼운 신호음

떠나갈 사람과 돌아올 사람의 안부가 위태로워

　　　맨 처음의 얼굴로

　　　막을 내리지 못하는 봄이 있다

　　　　　　　　　　　　 -「앵두나무 상영관」 전문

　이 작품은 진혜진 시인의 등단작이다. 수려한 언어 감각이 돋보이는 작품으로 잘 빚어진 도자기 같다. 시인의 등단작은 어느 정도 미래를 예측하게 한다. 그는 독특한 감각으로 세계를 읽어내는 시안이 특별하다. 단순히 현실 재현에 머물지 않고, 화자의 내면과 외부의 풍경을 병치시키면서 섬세한 이미지 구사를 통해 고유한 개성을 보여준다. 이 시는 앵두나무라는 사물을 통해 세계를 정독한다. "봄이 없"는 현실이 눈앞에 있다. 생명의 시작이며 근원인 봄의 부재는 삭막한 현실의 다른 이름이며 극복의 대상이다. 그곳에 앵두나무를 심는 행위는 금지의 영역을 넘어서는 일이고, 부조리한 세계를 초월하고자 하는 의지의 표상으로 읽힌다. 봄이 건축하는 세계, 시가 꿈꾸는 공간에 앵두가 열리고, 초록의 잎이 돋는 일련의 사건은 새로운 세계에 대한 열망의 표현이다. 빗물 흥건한 횡단보도를 건너 "울음 끝에 매달릴 이파리"는 신생의 빛으로 다가오고, 초록의 힘으로 일어서서 "세를 불리는 앵두나무"는 의미의 확장성에 기여한다. 앵두나무와 내통한 신호등에 봄이 켜지고, 앵두나무는 "막을 내리지 못하는 봄"을 상영하는 일을 멈추지 않는다. 결국 시 쓰는 일은 평생 '봄'과 동행하는 일일 것이다.

  주요 작품을 통해 진혜진의 시인의 첫 시집 『포도에서 만납시다』를 살펴보았다. 여러 해 동안 시에 집중하면서 마련한 한 채의 집에는 갓 돋아난 다양한 시의 화초들이 다양한 색상으로 빛나고 있다. 모든 시는 정통의 가치 속에서 시의 미학을 추구하든 실험과 모험으로 새로운 시의 지형도를 그리든 각각의 세계 속에서 미지의 에너지를 동력으로 하여 진화한다. 진혜진 시인은 자기만의 고유한 색깔과 육성을 갖기까지 "보편적인 부호들"에 포박되지 않고, "의문의 손을 놓"(「의문 기울기」)지 않을 것이다. 앞으로 혹독한 시간을 견디며 아무도 발 딛지 않은 낯선 영토를 개척하는 일은 온전히 시인의 몫이다. 첫 시집의 큰 짐을 내려놓고, 이제 진혜진의 시는 다시 미지를 향해 출발한다. 그곳에 아직 눈뜨지 않은 매혹이 있다.